Gilbert Delahaye • Marcel Ma

martine

Mon petit carnet de vacances

Mon carnet

Ce carnet appartient à :

Mon nom : ....

Mon prénom : ....

Mon anniversaire : ....

Mon adresse : ....

....

....

Mon numéro de téléphone : ....

Mon adresse e-mail : .... @ ....

Mon signe astrologique : ....

Mon signe astrologique chinois : ....

Je dessine mon signe astrologique chinois :

Comment trouver mon signe astrologique chinois ?

L'horoscope chinois est fait à partir d'un calendrier lunaire. Le nouvel an chinois a lieu mi-février.

Découvre ton signe grâce à ce tableau de correspondance.

Je suis née en	Mon signe est
2008	Rat
2009	Boeuf
2010	Tigre
1999 ou 2011	Lapin
2000 ou 2012	Dragon
2001 ou 2013	Serpent
2002 ou 2014	Cheval
2003 ou 2015	Chèvre
2004 ou 2016	Singe
2005	Coq
2006	Chien
2007	Cochon

Je suis fan de...

Qui est mon acteur ou mon actrice préféré(e) ?

Je colle sa photo et une image de son plus beau film

sa photo

Nom de l'acteur / actrice :

. . . .

Titre de son plus beau film :

. . . .

son plus beau film !

...et aussi fan de...

Qui est mon chanteur ou ma chanteuse préféré(e) ?

sa photo

Nom du chanteur / de la chanteuse :

....

Si j'étais...

Une fleur je serais ....

Une couleur je serais ....

Un animal je serais ....

Un chiffre je serais ....

Une qualité je serais ....

Un pays je serais ....

Un loisir je serais ....

Un objet je serais ....

Un dessert je serais ....

Un mois de l'année je serais ....

Un jour de la semaine je serais ....

Une personne célèbre je serais ....

....

Je me dessine

Je dessine ma famille

Je dessine mes amis

Mon animal de compagnie

C'est un ....

Il s'appelle ....

Il vit avec nous depuis ....

Ses yeux sont ....

Son pelage / plumage est ....

Ses caractéristiques : ....

....

....

....

J'aime quand il ....

....

....

....

Je n'aime pas quand il ....

....

....

sa photo

Mes amis

sa photo

Nom : ....

Prénom : ....

Adresse : ....

....

Son anniversaire : ....

Son numéro de téléphone : ....

Son e-mail : .... @ ....

Nom : ....

Prénom : ....

Adresse : ....

....

Son anniversaire : ....

Son numéro de téléphone : ....

Son e-mail : .... @ ....

sa photo

sa photo

Nom : ....

Prénom : ....

Adresse : ....

....

Son anniversaire : ....

Son numéro de téléphone : ....

Son e-mail : .... @ ....

Mes amis

sa photo

Nom :

Prénom :

Adresse :

Son anniversaire :

Son numéro de téléphone :

Son e-mail : @

Nom :

Prénom :

Adresse :

Son anniversaire :

Son numéro de téléphone :

Son e-mail : @

sa photo

sa photo

Nom :

Prénom :

Adresse :

Son anniversaire :

Son numéro de téléphone :

Son e-mail : @

Nom :

Prénom :

Adresse :

Son anniversaire :

Son numéro de téléphone :

Son e-mail : @

sa photo

sa photo

Nom :

Prénom :

Adresse :

Son anniversaire :

Son numéro de téléphone :

Son e-mail : @

Mon plus beau voyage

Destination : ....

.... km

Date : ....

Description du voyage : ....

....

....

....

....

....

....

....

....

....

....

Personnes qui m'ont accompagné / m'accompagneront :

J'ai rencontré / je vais rencontrer :

J'ai visité / je vais visiter :

Quel moyen de transport ?

☐ en avion

☐ en train

☐ en voiture

☐ en bateau

Quel paysage ?

☐ la mer

☐ la campagne

☐ la montagne

☐ la neige

En vacances j'aime faire…

- [ ] du sport
- [ ] des visites
- [ ] des rencontres
- [ ] écouter de la musique
- [ ] lire
- [ ] jouer à des jeux de société
- [ ] nager
- [ ] danser
- [ ] rire
- [ ] aller au cinéma
- [ ] ……………………
- [ ] ……………………
- [ ] ……………………
- [ ] ……………………
- [ ] ……………………
- [ ] ……………………
- [ ] ……………………
- [ ] ……………………
- [ ] ……………………
- [ ] ……………………
- [ ] ……………………
- [ ] ……………………
- [ ] ……………………
- [ ] ……………………
- [ ] ……………………
- [ ] ……………………
- [ ] ……………………
- [ ] ……………………
- [ ] ……………………
- [ ] ……………………

Ma tenue idéale en vacances

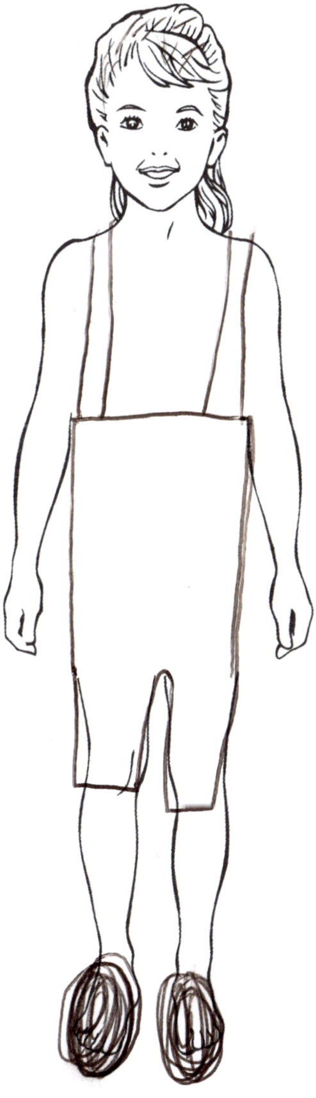

Je mets dans ma valise...

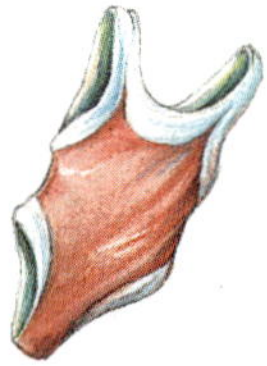

…et je n'oublie pas…

- [x] Mon petit carnet de vacances

Mais où sont mes chaussettes ?

Aide-moi à retrouver mes deux paires de chaussettes identiques.

Solution p. 46

... et mes affaires de plage ?

Retrouve dans la grille les mots suivants :
(une lettre peut servir 2 fois)

ombrelle	**ballon**	**chapeau**	**serviette**	**pelle**
maillot	**lunettes**	**short**	**épuisette**	**seau**

O	M	B	R	E	L	L	E	P	A
L	A	I	T	H	V	O	M	O	N
E	F	C	E	O	E	U	A	B	L
R	S	H	O	R	T	J	I	A	U
C	O	A	F	I	T	U	L	L	N
U	M	P	C	D	P	E	L	L	E
S	A	E	R	P	K	A	O	O	T
T	G	A	S	E	A	U	T	N	T
E	P	U	I	S	E	T	T	E	E
S	E	R	V	I	E	T	T	E	S

Solution p. 46

Mon récit de vacances

Je dessine mon petit coin de paradis

Mes photos de vacances

Dessinons un peu !

Ce soir c'est la fête !
Dessine-moi en t'aidant de la grille.

La robe de bal de mes rêves

Ma tenue de sport préférée

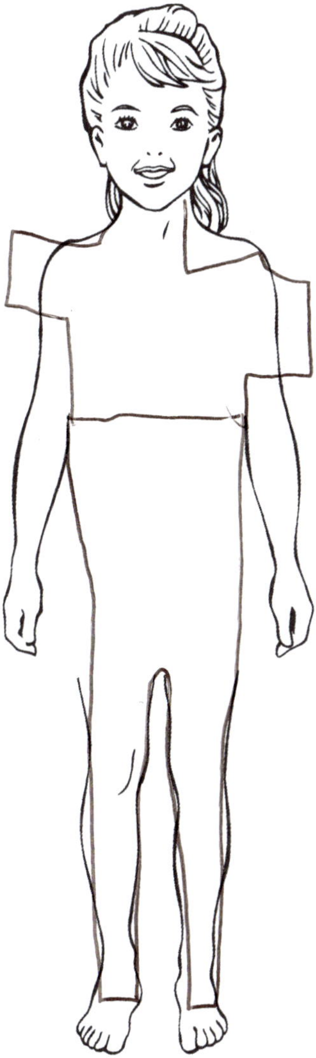

Jouons un peu !

Peux-tu m'aider à remplir ces sudoku ?

Chaque chiffre de 1 à 4 doit se trouver une seule fois sur chaque ligne, chaque colonne et dans chaque cadre.

	2		3
		4	
	1		
2		3	

4			1
		3	
	4		
2			3

Solution p. 46

Jeu des 7 erreurs

Solution p. 46

Quelle est mon ombre ?

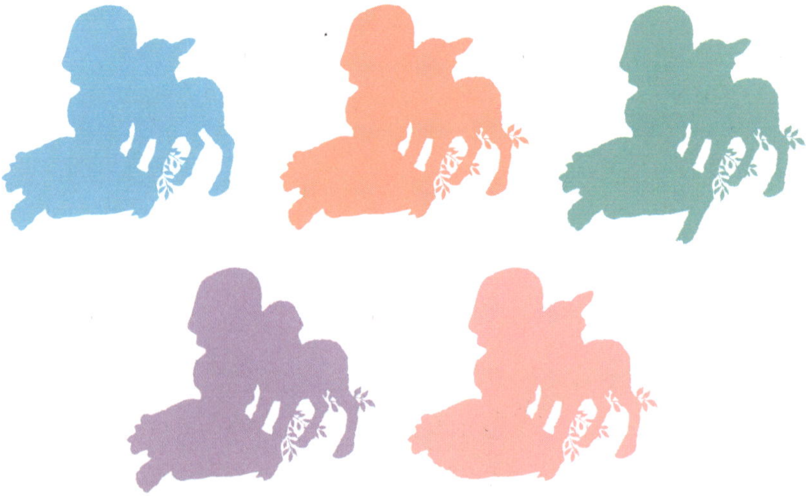

Solution p. 46

Les mots croisés

Solution p. 46

Drôles d'énigmes !

1.
Pourquoi le chat aime-t-il être photographié ?

2.
À quoi reconnaît-on qu'un éléphant est passé dans un frigo ?

3 .
Pourquoi les poules russes donnent-elles plus de lait que les poules françaises ?

4.
Que dit une maman baleine à son enfant qui fait trop de bruit ?

5.
Quels sont les deux animaux les plus intelligents ?

6.
Que dit un poisson au téléphone ?

7 .
Quel est l'animal le plus léger ?

Solution p. 46

Mes blagues favorites

Offrons des fleurs !

Voici une idée pour réaliser de jolies fleurs.

Il faut juste une feuille de papier carrée de 21 x 21 cm, un crayon noir, des ciseaux et un cure-pipe vert.

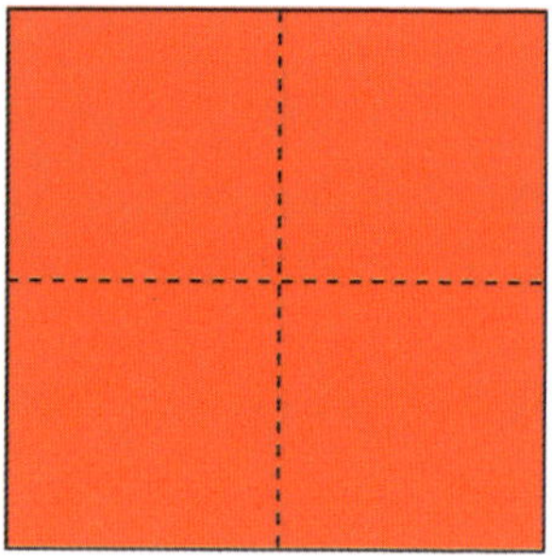

1. Plie en deux ton papier dans un sens puis dans l'autre afin de marquer les plis des deux médianes.

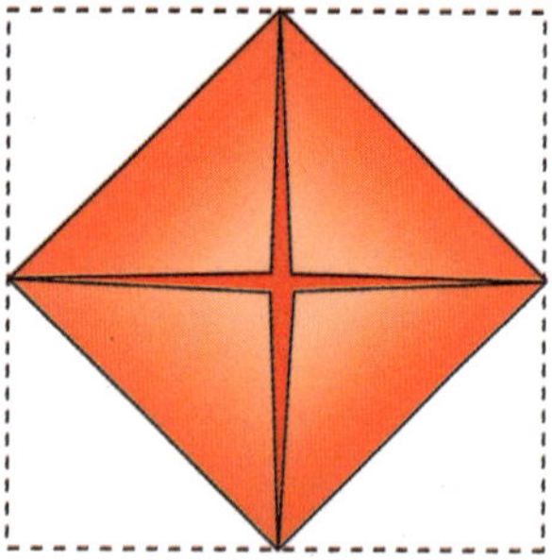

2. Rabats les quatre angles vers le centre. Tu obtiens un carré que tu retournes.

3. Rabats de nouveau les quatre angles vers le centre.

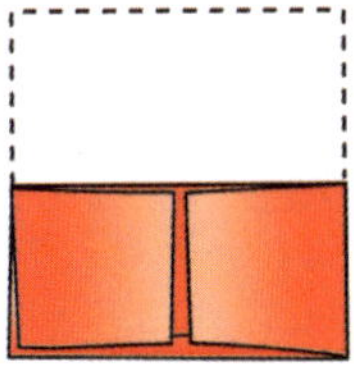

4. Plie la figure en deux. Glisse les doigts dans les poches ainsi obtenues.

5. Ouvre la fleur et pique un cure-pipe vert au centre pour la tige.

Tous les albums

martine

1 Martine à la ferme
2 Martine en voyage
3 Martine à la mer
4 Martine au cirque
5 Martine, vive la rentrée !
6 Martine à la foire
7 Martine fait du théâtre
8 Martine à la montagne
9 Martine fait du camping
10 Martine en bateau
11 Martine et les quatre saisons
12 Martine à la maison
13 Martine au zoo
14 Martine fait les courses
15 Martine en avion
16 Martine monte à cheval
17 Martine au parc
18 Martine garde son petit frère
19 Martine fête son anniversaire
20 Martine embellit son jardin
21 Martine fait du vélo
22 Martine petit rat de l'opéra
23 Martine à la fête des fleurs
24 Martine fait la cuisine
25 Martine apprend à nager
26 Martine est malade
27 Martine chez tante Lucie
28 Martine prend le train
29 Martine fait de la voile
30 Martine et son ami le moineau
31 Martine et l'âne Cadichon
32 Martine fête maman
33 Martine en montgolfière
34 Martine à l'école
35 Martine découvre la musique
36 Martine a perdu son chien
37 Martine dans la forêt
38 Martine et le cadeau d'anniversaire
39 Martine a une étrange voisine
40 Martine, un mercredi pas comme les autres
41 Martine, la nuit de Noël
42 Martine va déménager
43 Martine se déguise
44 Martine et le chaton vagabond
45 Martine et les lapins du jardin
46 Martine, l'accident
47 Martine baby-sitter
48 Martine en classe de découverte
49 Martine, la leçon de dessin
50 Martine au pays des contes
51 Martine et les marmitons
52 Martine prépare une surprise
53 Martine, l'arche des animaux
54 Martine, princesses et chevaliers
55 Martine, drôles de fantômes !
56 Martine, un amour de poney
57 Martine, j'adore mon frère !...
58 Martine et un chien du tonnerre
59 Martine protège la nature
60 Martine et le prince mystérieux

Retrouve vite toutes
mes nouvelles aventures !

Réponses

Les paires identiques p. 22

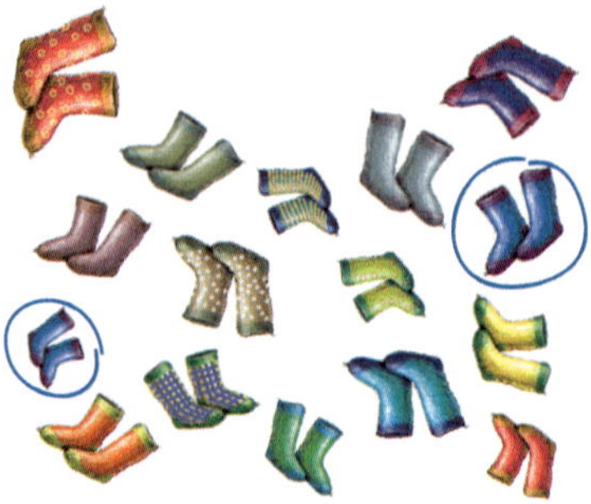

Mots cachés p. 23

O	M	B	R	E	L	L	E	P	A
L	A	I	T	H	V	O	M	O	N
E	F	C	E	O	E	U	A	B	L
R	S	H	O	R	T	J	I	A	U
C	O	A	F	I	T	U	L	L	N
U	M	P	C	D	P	E	L	L	E
S	A	E	R	P	K	A	O	O	T
T	G	A	S	E	A	U	T	N	T
E	P	U	I	S	E	T	T	E	E
S	E	R	V	I	E	T	T	E	S

Sudoku p. 36

4	2	1	3
1	3	4	2
3	1	2	4
2	4	3	1

4	3	2	1
1	2	3	4
3	4	1	2
2	1	4	3

Jeu d'ombres p. 38

Mots croisés p. 39

		C	R	A	B	E
		O				
		Q				C
M	O	U	E	T	T	E
		I				R
		L				F
		L				-
P	H	A	R	E		V
O		G		T		O
I		E		O		L
S				I		A
S				L		N
O				E		T
N						

Jeu des 7 erreurs p. 37

1. La couleur du cerf-volant
2. Le nombre nœuds sur le chapeau de paille
3. La ligne sur la voile
4. Les bretelles du maillot noir
5. La couleur du maillot du petit garçon bond.
6. L'herbe à gauche du dessin
7. Une mouette dans le ciel

Drôles d'énigmes p. 40

1. Parce qu'on lui dit : «souris !»
2. Aux traces de pas sur le beurre.
3. Les poules ne donnent pas de lait.
4. Cétacé ! (C'est assez !)
5. Le cerf et le veau (cerveau)
6. À l'eau ? (Allo ?)
7. La palourde (pas lourde)